Danzig

Der praktische Reiseführer
für Ihren Städtetrip

Impressum
Copyright © 2015 by arp
Ausgabe März 2016
Herausgeber by arp
Ledererstraße 12, 83224,Grassau, Deutschland
Ausgabe Februar 2016
Covergestaltung by arp
Fotos und Text Angeline Bauer
Coverfoto: Danzig, Blick aufs Krantor
Innenfoto: Blick vom Neptunbrunnen zum Goldenen Tor
Besuchen Sie uns im Internet: http://www.by-arp.de

Was dieser Reiseführer Ihnen bietet

Unser Reiseführer ist ein praktischer Begleiter für Ihren Städtetrip. Er beschränkt sich auf das Wesentliche und ist für Leute konzipiert, die nur einen Tag oder ein Wochenende in Danzig bleiben können.

Das Besondere: Der Altstadt-Rundgang mit genauer Wegebeschreibung, den wir für Sie zusammengestellt haben, bringt Sie in logischer Reihenfolge zu den angesagtesten Sehenswürdigkeiten. Viele Tipps und die wichtigsten Adressen, Links und Telefonnummern ersparen Ihnen in der Vorbereitungsphase für Ihren Städtetrip mühevolles Recherchieren. Besondere Museen und Festivals finden ebenso Erwähnung wie Tipps für behinderte Menschen, Camper und Hundebesitzer.

Tipp: Lesen Sie die informativen Artikel am Ende dieses Reiseführers bereits vor Abreise, damit Sie sich auf die örtlichen Gegebenheiten einstellen können und vor unangenehmen Überraschungen sicher sind.

Da sich Preise und Öffnungszeiten von touristischen Einrichtungen jederzeit ändern können, geben wir Links oder Telefonnummern an, damit Sie sich selbst erkundigen können.

Inhaltsverzeichnis:

WISSENSWERTES ÜBER DANZIG 9

GESCHICHTE.. 11

RUNDGANG...**15**

So kommen Sie zum Hohen Tor...*17*

HOHES TOR.. 19

DAS GOLDENE TOR... 22

GEORGSHALLE 23

LANGGASSE UND LANGER MARKT – DER KÖNIGSWEG........... 24

DAS UPHAGENHAUS 25

DAS FERBERHAUS (DOM FERBERÓW)...................................... 26

DAS SCHUMANNHAUS 28

DAS RECHTSTÄDTISCHE RATHAUS... 29

ARTUSHOF.. 31

DAS SPEYMANNHAUS.. 33

DAS GRÜNE TOR 36

LANGE BRÜCKE – EINST DANZIGS HAFENKAI............................... 37

HAUS DER NATURFORSCHENDEN GESELLSCHAFT 39

KRANTOR 41

FRAUENGASSE 42

MARIENKIRCHE 43

KÖNIGLICHE KAPELLE 46

DAS GROßE ZEUGHAUS 48

KIEK IN DE KÖK 49

MARKTHALLE 50

GROßE MÜHLE 51

ALTSTÄDTISCHES RATHAUS 52

FALLS SIE EIN PAAR TAGE LÄNGER IN DANZIG

BLEIBEN KÖNNEN 55

AUSFLÜGE IN DIE NÄHERE UMGEBUNG 55

AUSSTELLUNG ‚WEGE ZUR FREIHEIT' 55

MUSEUM DER TURMUHREN (MUZEUM ZEGARÓW

WIEŻOWYCH) 56

SIGHTSEEING MIT DEM ÖFFENTLICHEN BUS 56

BLECHTROMMEL-TOUR.. 57

INFOS, WICHTIGE ADRESSEN UND MEHR.................. 58

TOURISTENAUSKUNFT 58

DANZIG FÜR BEHINDERTE MENSCHEN........................ 58

DANZIG MIT HUND.. 60

ÖFFENTLICHER NAHVERKEHR 61

TAXI... 62

FAHRRADVERLEIHSYSTEM 62

KREUZFAHRTSCHIFFE UND FÄHREN........................... 63

PARKEN IN DANZIG.. 63

PARKMÖGLICHKEITEN FÜR CAMPINGER..................... 64

DER DOMINIKANERMARKT 65

KLIMA 67

ESSEN UND TRINKEN... 68

Barszcz – Roterübensuppe.................................68

Bigos...69

Wechselgeld und Trinkgeld.............................70

Einkaufen *71*

Internet, Telefon und Strom *72*

WAS TUN IM NOTFALL **73**

Bei medizinischen Notfällen *73*

Botschaften *74*

Pannen- und Notfallhilfe der Automobilclubs *74*

Falls Ihre Geldkarte verloren ging *75*

Die wichtigsten Vokabeln 77

Wissenswertes über Danzig

Danzig - der Name leitet sich vermutlich von der mittelalterlichen Bezeichnung für ‚gotische Schanze' ab – liegt heute in Polen und ist Hauptstadt der Provinz Pommern. Es hat knapp eine halbe Million Einwohner, doch zählt man auch die angrenzenden Städte Gdingen und Zoppot hinzu, leben mehr als eine Million Menschen dort. Zusammen nennt man Gdingen, Zoppot und Danzig (polnisch Gdynia, Sopot und Gdańsk) die ‚Dreistadt' (Trójmiasto).

Die großen Werften und Hafenanlagen gehören zu Gdingen, denn Danzig selbst liegt nicht, wie häufig angenommen wird, direkt an der Ostsee, sondern knapp zwanzig Kilometer landeinwärts am Zusammenfluss von Mottlau und Tote Weichsel. Im 2. Weltkrieg wurden die Hafenanlagen weitgehend zerstört, später jedoch wieder aufgebaut, und so ist Danzig auch heute noch eine der wichtigsten Wirtschaftsregionen Polens.

Zoppot mit seiner breiten Holzmole, die sich weit ins Wasser der Danziger Bucht erstreckt und in einer bugförmigen Spitze ausläuft, ist das Seebad der Dreistadt. Hier wurde am 18. Oktober 1926 der

Schauspieler Klaus Kinski geboren. Zu Zoppot gehört auch die weithin bekannte ‚Waldoper', eine der schönsten Freilichtbühnen Europas.

Weitere bedeutende Persönlichkeiten von Danzig sind der Literaturnobelpreisträger Günter Grass, der sein berühmtestes Werk ‚Die Blechtrommel' in Danzig spielen ließ, und der Friedensnobelpreisträger Lech Walesa. Walesa arbeitete als Elektriker in der Danziger Werft. Er stellte sich zum Ende der sowjetischen Herrschaft gegen die Obermacht, kämpfte für Streik- und Arbeiterrechte, landete deshalb mehrmals im Gefängnis, war Mitbegründer der Gewerkschaft ‚Solidarnosc' und wurde nach dem Fall des Eisernen Vorhangs zum ersten polnischen Präsidenten gewählt. Auch der berühmte Astronom Johannes Hevelius (1611 - 1687), der als Begründer der Kartographie des Mondes gilt, der Philosoph und Schriftsteller Arthur Schopenhauer (1788 - 1860), Horst Ehmke, ehemals deutscher Bundesjustizminister und Chef des Bundeskanzleramtes, sowie der polnisch-deutsche Boxer Dariusz Michalczewski sind Söhne der Stadt. Michalczewski, mit Spitznamen ‚Tiger', war von 1994 bis 2003 Weltmeister im Halbschwergewicht und blieb zwölf Jahre ungeschlagen.

Geschichte

Nec temere, nec timide - weder unbesonnen noch furchtsam! So lautet der Wahlspruch der einstigen Hansestadt, die auf eine mehr als tausendjährige Geschichte zurückblickt.

Ausgrabungen bestätigen, dass sich bereits vor Christi Geburt die Goten an dieser Stelle niedergelassen hatten. Gegen Ende des 10. Jahrhunderts wurde Danzig erstmals urkundlich erwähnt, die Existenz des Hafens ist seit dem 12. Jahrhundert belegt. Im 13. Jahrhundert erhielt die Stadt das ‚Lübische Recht‘ (diese Rechtsordnung wurde im 12. Jahrhundert vom Lübecker Rat entwickelt), worauf sich mehr und mehr deutsche Kaufleute dort niederließen und Reichtum in die Stadt brachten. So entwickelte sich Danzig zum Ort der Begierde und wurde immer wieder von den verschiedensten Feudalherren umkämpft. 1308 ging dieser Kampf zugunsten des ‚Deutschherrenordens‘ (Nachfolger der Ritterorden aus der Zeit der Kreuzzüge) aus. Erst 1454 sagte sich Danzig zusammen mit dem Preußischen Bund vom Orden los und unterstellte sich als Freie Stadt der polnischen Krone.

1358 trat Danzig der Hanse bei und entwickelte sich dank des Handelsmonopols, das ihm für ganz Polen zugesprochen worden war, zu einer der größten und reichsten Handelsstädte im europäischen Raum. Das ‚Goldene Zeitalter' Danzigs war angebrochen.

Zu den wichtigsten Transportgütern, die in Danzig verladen und umgeschlagen wurden, zählten neben Getreide auch Fleisch, Honig und Butter, Pelzwaren, Holz, Pech und Teer. Zurück kamen Salz, Zucker, Gewürze, Delfter Kacheln und mehr.

Dank des unermesslichen Reichtums und der gewaltigen Schutzanlagen, die die Stadt umgaben, konnte sie sich selbst in Kriegszeiten ihre Selbständigkeit bewahren. So zog es Menschen verschiedenster Herkunft, Hautfarbe und Religionen nach Danzig. Aber nicht nur Händler und Arbeiter, auch Freidenker, Wissenschaftler und Künstler lebten und wirkten in dieser reichen und von Toleranz geprägten Stadt. So konnte sich schon früh ein breites Spektrum an Kultur, Wissenschaft und Kunst entwickeln. Um 1650 schließlich war Danzig mit fast 80 000 Einwohnern eine der größten Städte Nordeuropas.

Doch aufgrund der schwedisch-polnischen Kriege im 17. und 18. Jahrhundert verlor die Stadt ihre wirtschaftliche Vormachtstellung im Ostseeraum, und als sich Danzig nach der zweiten Teilung Polens (1793) nach einem Beschluss von Rat und Bürgerschaft Preußen anschloss, zogen viele der Freidenker, Künstler und Wissenschaftler wieder fort, weil sie sich nicht der preußischen Herrschaft unterordnen wollten.

1807 eroberte Napoleon unter Mithilfe sächsischer und polnischer Truppen die Stadt und erklärte sie zur ‚Republik'. In den sieben Jahren französischer Herrschaft erlitt die Bevölkerung unglaubliches Leid. Dreiviertel der Einwohner wurden dahingerafft, die Stadt wurde ausgeplündert, vieles zerstört. Erst als Danzig 1814 neuerlich unter preußische Verwaltung fiel, ging es wieder bergauf.

Ab 1871 gehörte Danzig zum Deutschen Reich, doch 1920 wurde es wieder zur ‚Freien Stadt' erhoben, bis 1939 die deutsche Wehrmacht Danzig besetzte und dem Deutschen Reich eingliederte.

Zu Ende des 2. Weltkrieges wurde die Stadt durch Flugzeugangriffe, Plünderung und Brandstiftung zu 90 % zerstört und die deutsche Bevölkerung ermordet oder vertrieben. Inzwischen ist Danzig, teilweise auch mit deutscher Unterstützung, zu großen Teilen wieder aufgebaut und gilt als eine der schönsten Städte in Polen.

Rundgang

Die Danziger Innenstadt teilt sich in die ‚Altstadt‘ (Stare Miasto) und die ‚Rechtstadt‘ (Główne Miasto).

Der Begriff ‚Rechtstadt‘ meint nicht ‚rechts‘ sondern bezieht sich auf die liberalen Gesetze der Hanse, die hier galten. Die Altstadt hat außer der Katarinenkirche und der Brigittenkirche nicht viel Sehenswertes zu bieten, da sie im 2. Weltkrieg nahezu vollkommen zerstört und anschließend eilig und lieblos neu hochgezogen wurde. Dieses Schicksal blieb der Rechtstadt zum Glück erspart, hier wurden die Häuser detailgetreu rekonstruiert.

Neun Hauptstraßen des Viertels, die durch ein Gewirr kleiner Gassen miteinander verbunden sind, führen durch verschiedene Tore ans Ufer der Mottlau. Die bekannteste und prächtigste von ihnen ist der ‚Königsweg‘, der am Hohen Tor beginnt, durch das Goldene Tor auf die ‚Lange Gasse‘ und den ‚Langen Markt‘ führt und am ‚Grünen Tor‘ endet. Ihren Namen trägt die Straße, weil der polnische König mit seinem Gefolge auf ihr einzog, wenn er die Stadt besuchte.

Folgenden Rundgang haben wir zusammengestellt:

Hohes Tor – Stockturm und Peinkammer 27 Meter

Stockturm – Goldenes Tor und Georgshalle 25 Meter

Goldenes Tor – Langgasse (vorbei an verschiedenen Patrizierhäusern) bis Rechtstädtisches Rathaus 300 Meter

Rechtstädtisches Rathaus - Langer Markt bis Grünes Tor (vorbei an Artushof, Neptunbrunnen, Goldenes Haus) 220 Meter

Grünes Tor – Haus der naturforschenden Gesellschaft 190 Meter

Haus der naturforschenden Gesellschaft – Krantor 100 Meter

Krantor – Frauengasse 70 Meter

Frauengasse – Marienkirche und Königliche Kapelle 350 Meter

Marienkirche – Zeughaus 300 Meter

Zeughaus - Kiek in de Kök 280 Meter

Kiek in de Kök – Markthalle 72 Meter

Markthalle - Große Mühle 160 Meter

Große Mühle – Altstadtrathaus 160 Meter

Altstadtrathaus - Bahnhof 450 Meter

Falls noch Zeit bleibt, lohnt sich der Besuch der Ausstellung ‚Wege zur Freiheit‘. Bahnhof – Leninwerft 1000 Meter.

Insgesamt ist der Rundgang 2700 Meter lang (Leninwerft ausgenommen).

Anmerkung: Zwar beginnen wir unseren Rundgang am Hohen Tor, aber Sie können an jeder beliebigen Stelle in den Rundgang einsteigen. Folgen Sie unserer Wegebeschreibung von Ihrem Beginn bis zum Bahnhof. Von dort weiter bis zu der Stelle, an der Sie den Rundgang begonnen haben.

Wie Sie zum Bahnhof kommen, lesen Sie unter Anreise/Parken. Die Wege sind genau beschrieben. Wenn Ihnen das mehr Sicherheit gibt, können Sie sich am Hauptbahnhof in der dortigen Touristeninfo noch einen kostenlosen Stadtplan holen und gegebenenfalls ein Ticket für den Bus besorgen.

So kommen Sie zum Hohen Tor

Falls Sie am Bahnhof ankommen überqueren Sie die große Hauptverkehrsstraße und gehen nach rechts. Nach etwa 800 Metern sind Sie am Hohen Tor.

Vom Parkplatz Targ Sienny (siehe Artikel Parken) bis zum Hohen Tor sind es 500 Meter. Sie gehen an dem weißen, rechteckigen Gebäude vorbei zur Fußgängerunterführung. Sie 'unterqueren' die Hauptverkehrsstraße und sind am Hohen Tor.

Der Parkplatz an der ul. Katarzynki liegt nicht weit vom Altstädtischen Rathaus entfernt. Falls Sie dort parken, gehen sie vom Parkplatz weg rechts, dann auf die ul. Pańska, der sie bis zum Goldenen Tor folgen.

Falls Sie auf dem Parkplatz der ‚Music Academy Gdansk' parken, finden Sie leicht zum **Grünen Tor**, das übrigens nicht grün ist, sondern nur so heißt und auch kein Tor ist, sondern ein großes Gebäude mit einem Tordurchgang. Sie gehen über die 'Grüne Brücke' und Sie stehen genau vor dem Grünen Tor (insgesamt 300 Meter). Beginnen Sie hier mit unserem Rundgang. Suchen Sie im Inhaltsverzeichnis 'Grünes Tor', folgen Sie dem Rundgang bis zum Ende und gehen dort ab Beginn des Rundgangs (Hohes Tor) weiter, bis Sie wieder am ‚Grünen Tor' sind.

Hohes Tor, Stockturm und Goldenes Tor liegen auf einer Fluchtlinie nur wenige Schritte voneinander entfernt.

Hohes Tor

An diesem Tor beginnt der Königsweg. Es bildete die Haupteinfahrt nach Danzig, wenn man von den Danziger Höhen, also aus dem Westen kam. Im Mittelalter wurde die Stadt von dieser Seite durch eine vierfache Toranlage geschützt. Das Hohe Tor war das erste. Damals war es noch ein schmuckloses Stadttor aus Backstein mit drei Zugbrücken, die über den Festungsgraben reichten. Erst Ende des 16. Jahrhunderts wurde es von Willem van den Blocke, Architekt und Bildhauer, zu einem Prunktor umgestaltet.

Die Backsteinwände sind mit Buckelsteinplatten verkleidet. Allegorischen Figuren, die von Peter Ringering geschaffen und mit der Aufschrift „Friede, Freiheit, Eintracht" versehen sind, sowie die Wappen Danzigs, Polens und Preußens schmücken die Fassade.

Unter dem polnischem Adler in der Mitte steht die Inschrift: Justitia et pietas duo sunt regnorum omnium fundamenta - Gerechtigkeit und Frömmigkeit sind die beiden Grundpfeiler aller Königreiche. Die Übersetzung der lateinischen Sentenz, den man unter dem Danziger Wappen lesen kann, lautet: Friede, Freiheit und Eintracht sind die erstrebenswertesten Güter, die für Staaten zu erreichen sind - Civitatib.(us) hæc optanda bona maxime Pax Libertas et Concordia. Das preußische Wappen trägt die Inschrift: Sapientissime fiunt quæ pro Republica fiunt – Weise ist all jenes, was dem Wohle des Landes dient.

Das Tor überstand den 2. Weltkrieg fast unbeschadet, demnach sieht man es noch im Originalzustand. Heute ist eine Touristeninformation darin untergebracht.

Adresse: Brama Wyżynna ul. Wały Jagiellońskie / ul. Okopowa

Stockturm und Peinkammer

Der Stockturm (Wieża Więzienna = Kerkerturm) war das zweite Tor der Befestigungsanlage. Er wurde Anfang des 14. Jahrhunderts dreistöckig errichtet, in späteren Jahren jedoch mehrfach umgebaut und erhöht und bekam schließlich eine Turmspitze aufgesetzt. Als er im Jahr 1604 seine Bedeutung als Teil der Befestigungsanlagen verlor, wurde er zum Gefängnis umfunktioniert.

Das Gebäude beherbergt heute das Bernsteinmuseum.

Adresse: Bernsteinmuseum (Muzeum Bursztynu) / Targ Węglowy 26

Die ‚Peinkammer' bildete das dritte Tor der Verteidigungsanlage. Das Gebäude wurde 1509 vom Architekten Antony von Obbergen umgestaltet und mit einem Renaissancegiebel versehen, die dekorativen Elemente schuf Willem van den Meer.

So hübsch und grazil das Gebäude von außen wirkt, so schreckenerregend war seine Bestimmung, denn wie schon der Name verrät, diente es als Gerichtssaal, Gefängnis und Folterkammer. Falls der Angeklagte die ‚peinliche Befragung' überstand, wurde er über den Hof in den Stockturm gebracht, wo er für den Rest seines Leben in Zellen mit Namen wie Stier, Otternloch, Kain- und Abelmord dahinvegetierte. Die eisernen Fuß-, Hand- und Halsfesseln, an die die Gefangenen geschmiedet wurden, sind heute noch zu sehen.

Adresse: Dluga Przedbranie (Öffnungszeiten nach Voranmeldung)

Das Goldene Tor

Ein paar Schritte nur, und man ist am ‚Langgasser Tor' oder auch ‚Goldenes Tor', das 1612 – 1614 im Auftrag der Bruderschaft des Heiligen Georg an Stelle eines gotischen Tores aus dem 13. Jahrhundert erbaut wurde. Entworfen hat es der deutsche Architekt und Bildhauer flämischer Herkunft Abraham van den Blocke, ein Sohn Willems van den Blocke.

Acht allegorische Skulpturen stehen auf dem Tor. Frieden, Freiheit, Reichtum und Ruhm schauen Richtung Hohes Tor. Die Lateinische Inschrift auf dieser Seite lautet: Es müsse wohlergehen denen, die dich lieben. Es müsse Frieden sein inwendig in deinen Mauern und Glück in deinen Palästen - ein Zitat aus dem Psalm 122.

Die Skulpturen Einigkeit, Gerechtigkeit, Frömmigkeit und Vernunft sind der Langegasse zugewandt. Der Spruch auf dieser Seite über dem Danziger Stadtwappen: Concordia res publicæ parvæ crescunt – discordia magnæ concidunt - Kleine Staaten wachsen in Einigkeit, große zerfallen in Uneinigkeit.

Das Goldene Tor fiel den Bomben zum Opfer und musste rekonstruiert werden.

Georgshalle

Direkt neben dem Goldenen Tor steht die Georgshalle, die Ende des 15. Jahrhunderts im Auftrag der Georgsbruderschaft nach Plänen des Baumeisters Hans Glothau erbaut wurde. Das quadratische Gebäude hat eine Seitenlänge von vierzehn Metern. Der Turm, auf dem eine kupferne Skulptur des Hl. Georg thront, wurde erst ein Dreivierteljahrhundert später aufgesetzt.

Die Georgshalle diente der Bruderschaft als Versammlungsgebäude. Im Erdgeschoß befand sich das Waffenarsenal, im ersten Stock wurden Treffen, Festmahle, Theateraufführungen und Fechtstunden abgehalten. Auf einem Platz vor dem Gebäude konnten sich die Mitglieder im Armbrustschießen üben.

Als die Bruderschaft 1798 aufgelöst wurde, übernahmen die städtischen Behörden das Gebäude. Es diente als Hauptwache und Kunstschule, später war auch ein Blumenladen im Erdgeschoß. Heute ist es Sitz der örtlichen

Zweigstelle des Polnischen Architektenverbandes SARP.

> So gehen Sie weiter: Durch das Goldene Tor betreten Sie die Langgasse.

Langgasse und Langer Markt – der Königsweg

Beim Bummel über ,Danzigs Flaniermeile' fühlt man sich direkt in die frühe Neuzeit zurückversetzt. Zwischen dem Hohen Tor im Westen und dem Grünen Tor am Ufer der Mottlau bietet sich auf etwa 500 Metern Fußweg eine zauberhafte Kulisse reich verzierter Giebelhäuser aus dem 15. bis 19. Jahrhundert. Da die Grundsteuer nach der Breite eines Grundstücks berechnet wurde, baute man schmal und in die Höhe. Außergewöhnlich schöne Türen, Skulpturen und Stuckwerk geben den Häusern, die nach dem Krieg liebevoll restauriert bzw. rekonstruiert wurden, ein unvergessliches Gesicht.

Die ,Lange Gasse' mündet in den ,Langen Markt' (Długi Targ) - ein Platz, der im 17. Jahrhundert entstand und an dem wohlhabende Danziger Bürger wohnten.

Hier steht auch das Rechtstädtische Rathaus, und wirft man einen Blick nach Norden, sieht man hinter den Dächern der Häuser die imposante Marienkirche, die größte Backsteinkirche Europas.

Einige der Häuser möchten wir hier besonders erwähnen.

Das Uphagenhaus

liegt rechter Hand. Bauherr war der Ratsherr Johann Uphagen, Architekt war Johann Benjamin Dreyer. Fertiggestellt wurde es 1787, und es blieb bis 1910 in Familienbesitz. Im Jahre 1944 wurde die Innenausstattung ausgelagert. So konnte sie unversehrt den Krieg überstehen, obwohl das Gebäude selbst, wie die meisten anderen Häuser der Straße, den Bomben zum Opfer fiel. Da das Uphagenhaus bereits vor dem ersten Weltkrieg Museum war, existierten Pläne, Aufzeichnen und Fotografien, die eine Rekonstruktion ermöglichten. So wurde es in den Fünfzigerjahren des letzten Jahrhunderts in einem polnisch-deutschen

Gemeinschaftsprojekt originalgetreu wieder aufgebaut.

Auch heute wird das Uphagenhaus wieder als ‚Museum für bürgerliche Wohnkultur' genutzt. Wenn es die Zeit erlaubt, lohnt der Besuch – vor allem seiner prunkvollen Rokokoausstattung wegen.

Adresse: Uphagenhaus (Dom Uphagena), Langgasse 12 / Dluga 12

Das Ferberhaus (Dom Ferberów)

wurde um 1560 im Stil der niederländischen Renaissance errichtet und war in Besitz einer der einflussreichsten Familien Danzigs, die sechs Bürgermeister, drei Schöffen, sechs Ratsherren, drei Domherren und einen Bischof stellte.

Letzterer gab in seiner Jugend den männlichen Part in einer tragischen Liebesgeschichte, die ganz an Romeo und Julia erinnert. Zwei junge Menschen, die sich ineinander verliebten und heimlich ein Eheversprechen gaben. Zwei mächtige Danziger Familien, die miteinander in Zwist gerieten. Man bekriegte sich und zog gar vor Gericht. Am Ende heiratete die schöne Anna, vermutlich gezwungenermaßen, einen anderen, und der unglückselige Moritz wurde Priester und später Bischof von Ermland.

An der Fassade des Hauses sieht man die Wappen von Polen, Danzig und Preußen und das Wappen der Familie Ferber, auf dem drei Schweineköpfe abgebildet sind.

So wie alle Häuser in Danzig trug auch das Ferberhaus einen Namen. Sie hießen Schildkrötenhaus oder Löwenschloss, Zwillingshaus, Englisches Haus oder, wie das Ferberhaus auch genannt wurde, Adam-und-Eva-Haus.

Der Legende nach lag ein Fluch auf dem Gebäude. Es wurde von okkulten Feiern, Mord und schrecklichen Todesfällen gemunkelt. Um das Unglück abzuwenden, ließ der damalige Besitzer ein Relief von Adam und Eva schnitzen und an der Haustür anbringen. Doch auch das schien nichts zu nützen, denn bald darauf kam er selbst ums Leben. Das Haus blieb nach seinem Tod angeblich hundert Jahre unbewohnt und fand erst wieder neue Bewohner, als die unheilbringende Tür entfernt war.

Das Schumannhaus

ist ein Bürgerhaus im Renaissance-Stil, steht in der Langgasse und hat die Hausnummer 45. Es wurde um 1560 errichtet.

Götter aus der griechischen Mythologie zieren es. In der Mitte des Giebels sieht man eine Statue des Göttervaters Zeus. In den Nischen darunter stehen Statuen von Apollo und Diana. Auf der Längsseite des Gebäudes thront auf einer Dachgaube Athene, die Göttin des Krieges. Vielleicht hat sie daran mitgewirkt, dass die Fassade an der Langgasse im Krieg nahezu unversehrt blieb, der Rest des Hauses musste rekonstruiert werden.

Wie der Name schon vermuten lässt, wurde es von einer Familie Schumann erbaut. Auch aus dieser Familie gingen fünf Bürgermeister, elf Ratsherren und vier königliche Burggrafen hervor.

Heute befinden sich im Schumannhaus die Polnische Gesellschaft für Tourismus und Heimatkunde (PTTK) und ein Reiseführerzentrum.

Wenn Sie sich noch einen Stadtplan zulegen wollen, sind Sie hier richtig.

Adresse: Langgasse 45

Das Rechtstädtische Rathaus

liegt gleich gegenüber. Nach einem Brand 1556 wurde das ursprünglich gotische Rathaus im prunkvollen flämischen Manierismus umgebaut. Manierismus bezeichnet in der Kunstgeschichte die Übergangsform zwischen Renaissance und Barock. Der dazugehörige Turm erhielt eine neue Turmhaube, die gut siebzig Jahre später mit einer vergoldeten Wetterfahne geschmückt wurde, die den polnischen König Sigismund II. August darstellt und im Volksmund liebevoll ‚Goldener Kerl' genannt wird. Ein Uhrwerk mit einem vierzehnstimmigen Glockenspiel, das 1562 von Johann Moor im niederländischen ‚s-Hertogenbosch fertiggestellt wurde, klingt vom 82 Meter hohen Turm über die Stadt. Man kann den Turm besteigen, von oben hat man einen herrlichen Blick über die Dächer Danzigs.

Die prächtige Innenausstattung galt bereits zu ihrer Entstehungszeit um die Jahrhundertwende des 16. zum 17. Jahrhundert als eine Sehenswürdigkeit und wurde mit dem Dogenpalast von Venedig verglichen. Viele berühmte Künstler, Baumeister und Schmiede waren daran beteiligt.

Betritt man das Rathaus, fällt als erstes die reich geschmückte Wendeltreppe auf. Interessant ist aber vor allem der Große Ratssaal oder Rote Saal, an dessen Decke man fünfundzwanzig Gemälden von Izaak van den Blocke sehen kann, die mit Schnitzereien von Abraham Hochreuter eingefasst sind. Ältestes Element in diesem Saal ist der Kamin aus dem Jahre 1593 mit dem Danziger Wappen, das von zwei Löwen gestützt wird. Der Name ,Roter Saal' bezieht sich auf die mit rotem Stoff bespannten Wandpaneele.

Das Rechtstädtische Rathaus wurde im März 1945 nahezu vollständig zerstört, doch zum Glück waren viele Gegenstände der wertvollen Ausstattung ausgelagert worden und blieben so erhalten. Seit die Rekonstruktion des Rechtstädtischen Rathauses 1970 abgeschlossen wurde, dient es als Museum. Unter anderem werden hier in einer Dauerausstellung die Zerstörung und der Wiederaufbau Danzigs dokumentiert.

Adresse: Rechtstädtisches Rathaus, Langgasse 47

Artushof

Neben dem Rathaus liegt der Artushof (Dwór Artusa). Er ist eines der Wahrzeichen der Stadt. Artushöfe, nach dem keltischen König Artus benannt, gab es in vielen Hansestädten. Sie waren Sitz der Börse und diente als Treffpunkt reicher Kaufleute und Adliger, Mitglieder sogenannter Artusbruderschaften. Hier trank man Bier und schloss Geschäftsverträge. Noch heute erinnert eine Biertheke an diese Zeit.

Das ursprüngliche Gebäude des Danziger Artushofs wurde im 14. Jahrhundert errichtet, brannte jedoch bereits 1476 ab. Zwei Jahre später wurde es im Stil der Spätgotik neuer und größer wiederaufgebaut. Von diesem Umbau blieb die nördliche Fassade erhalten. Mitte des 16. Jahrhunderts wurde das Gebäude im Renaissancestil und 1616-1617 durch Abraham van den Blocke im manieristischen Stil umgestaltet. Aus dieser Zeit stammen das Portal und die Skulpturen an den Fenstern, die die Tugenden der Bürgerschaft symbolisieren. Allegorische Statuen der Gerechtigkeit, Tapferkeit und des Glücks schmücken die Nischen der Attika bzw. der Giebel.

Als im 17. Jahrhundert der Niedergang Danzigs einsetzte, verlor der Artushof an Bedeutung. Er wurde zuerst als Lager von Krämern, dann als Getreidebörse zweckentfremdet. Während der französischen Besatzung durch Napoleon Anfang des 19. Jahrhunderts diente er als Lazarett.

Im Inneren findet man einen 350 m² großen Saal. Sein gotisches Sterngewölbe wird von vier Granitpfeilern gestützt. Ein zwölf Meter hoher, farbig verzierter Renaissance-Kachelofen von Georg Stelzener aus dem Jahre 1546 ist das Prunkstück des Raumes. Im März 1945 konnte er noch rechtzeitig vor der Eroberung der Stadt durch die Rote Armee ausgelagert werden und entging so der Zerstörung. Ein großformatiges Ölgemälde von Anton Möller (1563-1611), der als ‚der Maler von Danzig' in die Kunstgeschichte einging, wurde hingegen 1945 durch eine Feuersbrunst zerstört. Es zeigte das Jüngste Gericht. Seit 2000 hängt an seinem Platz eine Rekonstruktion des polnischen Künstlers Krzysztof Izdebski.

Im 2. Weltkrieg wurde der Artushof durch Bomben schwer beschädigt und musste wieder aufgebaut werden.

Adresse: Artushof (Dwór Artusa), Długi Targ

Der Brunnen, den man vor dem Artushof sieht, heißt Neptunbrunnen und wurde im 15. Jahrhundert zu Ehren König Artus' errichtet.

Rechts vom Artushof steht das ‚Neue Schöffenhaus'. Aus dem ovalen Giebelfenster schaut jeden Tag um 13 Uhr die schöne Jungfrau Hedwig zu ihren Bewunderern hinunter.

Das Speymannhaus

Nur ein paar Schritte weiter ist das Speymannhaus. Es wird auch Steffenshaus oder Goldenes Haus genannt und zählt zu den schönsten Häusern Danzig. Der Danziger Kaufmann und damalige Bürgermeister Johannes Speymann ließ es Anfang des 17. Jahrhunderts an Stelle eines gotischen Gebäudes errichten. Das elegant anmutende Haus mit einer Dreifensterfassade wurde ebenfalls von Abraham van den Blocke entworfen. Die vielen mit echtem Blattgold belegten Figuren, Köpfe und Schmuckelemente an der weißen, manieristischen Fassade geben dem Haus seinen Namen. Auf der Spitze des Dachfirsts thront Fortuna, die Göttin des Glücks und des Schicksals, auf der Balustrade unter ihr stehen Kleopatra, Ödipus, Achilles und Antigone. Kunstvolle Ornamente und Szenen aus der Antike, sowie der deutsche Kaiser Otto III., der polnische König Wladyslaw Jagiello und das Wappen der Speymanns schmücken die Fassade.

Auch zu diesem Haus gibt es eine Legende. Es heißt, die Gattin des Erbauers, die schöne Judith Speymann, geht in seinen Mauern als ,leuchtende Gestalt' um und flüstert: "Übe Gerechtigkeit, und fürchte dich vor niemanden."

Das Goldene Haus ist heute Sitz des polnischen Meeresinstituts. Eine Besichtigung ist nicht möglich.

Adresse: Langgasse 41

Fotos folgende Seite von rechts nach links:
Der lange Markt mit Grünes Tor im Hintergrund
Eine der vielen Danziger Kneipen
Blick durchs Frauentor auf die Frauengasse
Innenansicht der Marienkirche
Stuckarbeiten, Gold und Gemälde verzieren die Fassaden.
Der Hauptbahnhof von Danzig
Die Markthallen von Danzig

Das Grüne Tor

beschließt den Königsweg. Es wurde im 16. Jahrhundert an Stelle des ältesten Danziger Stadttores errichtet, das Koggentor genannt wurde, weil bis hier hin die großen hochseetüchtigen Koggen fahren konnten. Das Koggentor wurde 1564 abgerissen, um Platz für das Grüne Tor zu schaffen, das im flämischen Manierismus erbaut wurde. Dieses prunkvolle schlossähnliche Gebäude hat jedoch nur insofern mit einem ‚Tor‘ zu tun, als dass man den ‚Langen Markt‘ von der ‚Grünen Brücke‘ aus durch vier im Haus befindliche Torbögen betreten kann. Erbaut wurde es als Stadtresidenz der polnischen Könige. Allerdings hat es dann mehr als 100 Jahre gedauert, bis tatsächlich einmal eine Königin im Grünen Tor abstieg.

Seinen Namen trägt das Gebäude, weil es einst grün gestrichen war.

Adresse: Brama Zielona, Dlugi Targ 24

Lange Brücke – einst Danzigs Hafenkai

Durch das Grüne Tor gelangt man auf die ‚Lange Brücke‘, einen Hafenkai, der zu Beginn des 17. Jahrhunderts - damals bestand er noch aus Holz - errichtet wurde. Die Häuser an diesem Kai wurden in den Neunzigerjahren des letzten Jahrhunderts restauriert bzw. rekonstruiert und beherbergen zahlreiche Souvenirläden und Restaurants. Darunter auch das ‚Gasthaus Storch‘ und das ‚Goldwasser‘. In letzterem wurde vom 17. Jahrhundert bis zum zweiten Weltkrieg das ‚Danziger Goldwasser‘ hergestellt, ein Gewürzlikör, in dem echte Blattgoldflitter schwimmen. Heute wird ‚Der Lachs‘ wie der Likör ursprünglich hieß, nicht mehr in Danzig, sondern nördlich von Göttingen in Nörten-Hardenberg hergestellt und vertrieben.

Bis zur zweiten Hälfte des 19. Jahrhunderts befand sich an diesem Kai der Danziger Hafen. Die Schiffe legten an einfachen Anlegestegen an. Für Schutz und Sicherheit vor Eindringlingen sorgten die vielen befestigten Tore, die man auf dieser Seite der Stadt sieht.

Gegenüber liegt die Speicherinsel (Wyspa Spichrzów). Sie entstanden 1576 nach dem Aushub des Kanalbettes der Neuen Mottlau. Bereits im dreizehnten Jahrhundert wurden auf diesem Gelände zahlreiche Kornspeicher errichtet - Danzig war ja neben Amsterdam der Hauptumschlagplatz für Getreide – und bis zum sechzehnten Jahrhundert wuchs ihre Stückzahl auf dreihundert an. Gegen Kriegsende im Jahr 1945 wurden sie ausnahmslos zerbombt und bis heute nur einzelne von ihnen wiederaufgebaut.

Das Getreide hat man aus den Laderäumen der Koggen mit Hilfe von Gurtbrechern oder Saugrüsseln, sogenannten Elevatoren, auf die Speicherböden verbracht. Von dort gelangten sie auf gleichem Weg in die Luken der Getreidefrachter, mit denen sie weiterverschifft wurden. War das Korn bereits eingesackt, kamen die Danziger Sackträger und Schauerleute zum Einsatz. Die Säcke wurden dann an Lastenwinden hochgezogen und durch die Luken in den Speicher befördert. Auf der anderen Seite der Speicher, in der Hopfengasse, warteten Fuhrwerke oder in späteren Jahren auch Eisenbahnwaggons auf den Weitertransport. Letztere wurden wegen der Feuergefahr jedoch nicht von einer Lok, sondern von ‚Belgiern' gezogen – große, stämmige Arbeits- und Zugpferde, die auch unter dem Namen Brabanter bekannt sind.

Zu den wenigen erhaltenen Baudenkmälern der Speicherinsel gehört das Milchkannentor, das Anfang des 16. Jahrhunderts errichtet wurde. Entlang der Milchkannenstraße entstanden in letzter Zeit Wohnhäusern im alten Stil.

Von der ‚Langen Brücke' aus fahren die Schiffe der ‚weißen Flotte' zur Westerplatte, nach Gdingen und zur Halbinsel Hela.

Biegen sie nun nach links ab. Nach wenigen Schritten kommen Sie zum

Haus der Naturforschenden Gesellschaft

Dieses fünfstöckige Gebäude, das gegen Ende des 16. Jahrhunderts neben dem Frauentor direkt an der Mottlau errichtet und mit einem Aussichtsturm versehen wurde, sticht vor allem durch seine außergewöhnliche Architektur ins Auge. Einst wurde vom Turm aus der Schiffsverkehr auf der Mottlau beobachtet. 1845 erwarb die Naturforschenden Gesellschaft das Haus und richtete im Dach eine heute nicht mehr vorhandene Sternwarte ein.

Die Naturforschende Gesellschaft in Danzig wurde 1743 unter dem Namen ‚Societas Physicae Experimentalis‘ von Daniel Gralath, Ratsherr der Rechtstadt und späterer Bürgermeister von Danzig, gegründet. Diese ‚Vereinigung gelehrter Männer‘ förderte die wissenschaftliche Forschung in Danzig. Heute ist in diesem Gebäude das Archäologische Museum untergebracht. Eine Dauerausstellung beschäftigt sich mit der mehr als tausendjährigen Geschichte Danzigs und Pommerns, eine andere mit Bernstein und allem, was damit zu tun hat.

Nachdem das Gebäude den Bomben des 2. Weltkriegs zum Opfer gefallen war, wurde es in den Fünfzigerjahren des 20. Jahrhunderts wieder aufgebaut.

Adresse: Haus der Naturforschenden Gesellschaft (Archäologisches Museum)

Dom Towarzystwa Przyrodniczego (Muzeum Archeologiczne)

Frauengasse 25/26 / Mariacka 25/26

So gehen Sie weiter: Geradeaus in selber Richtung bis zum Krantor. die Frauengasse lassen Sie vorerst links liegen.

Krantor

Das Krantor ist Danzigs Wahrzeichen, denn es ist einzigartig. Wie der Name schon vermuten lässt, diente es als Kran und als Tor. Mit Hilfe von zwei wuchtigen Trommelrädern, die sich übereinander zwischen den beiden Backsteintürmen befinden, konnten Lasten von bis zu vier Tonnen auf bis zu siebenundzwanzig Meter Höhe gehievt werden. So richtete man mit diesem Kran unter anderem Schiffsmasten auf. Angetrieben wurden sie von Gefangenen, die wie Hamster in den Rädern laufen mussten.

Das erste Tor an dieser Stelle wurde bereits im 14. Jahrhundert erbaut. Schon damals war es Tor und Kran zugleich. Um 1440 wurde es, nachdem das alte Gebäude durch einen Brand stark beschädigt worden war, zu dem Tor wieder auf- und umgebaut, das man heute sehen kann.

Im Zweiten Weltkrieg brannte das Tor aus, wurde nach dem Krieg rekonstruiert und ist nun Teil des Meeresmuseums.

Adresse: Krantor (Żuraw) / ul. Szeroka 67/68

> Vom Krantor aus gehen Sie zurück zur Frauengasse.

Frauengasse

Die Frauengasse (ul. Mariacka) erstreckt sich vom mittelalterlichen ‚Frauentor' am Ufer der Mottlau bis zum Chor der Marienkirche. Im 2. Weltkrieg wurde sie komplett zerstört, doch schon bald wieder aufgebaut, denn seit Bestehen gehörte diese Gasse zum Alt-Danziger Stadtbild und war immer schon so etwas wie das Aushängeschild der Stadt.

Im Mittelalter hatten sich hier kleine Handwerksbetriebe und Fleischbänke befunden. Als gegen Ende des 15. Jahrhunderts der Uferbereich der Mottlau trockengelegt und zum Schutz gegen Eindringlinge das Frauentor errichtet wurde, siedelten sich vornehme Bürger an. Sie bauten Häuser mit aufwändig gestalteten Fassaden und sogenannten Beischlägen. Das sind kleine, für den Ostseeraum typische Terrassenvorbauten, die weit in die Straße hineinreichen. Die meisten von ihnen sind mit kunstvollen Steinmetz-, Schmiede- und Schnitzarbeiten verschönt, die rankende Girlanden, Blumen- und Tiermotive zeigen. Sie sollten den Wohlstand der Hausbesitzer demonstrieren. Weil diese Gasse so authentisch ist und die Zeit der reichen Hansestädte repräsentiert, wurden hier große Teile der Verfilmung des Romans ‚Die Buddenbrooks' von Thomas Mann gedreht.

Heute findet man in den Räumen unter den Beischlägen Restaurants, Juweliere oder kleine Galerien, die Bernsteinarbeiten und Kunst anbieten – Souvenirs, für die man allerdings etwas tiefer in die Tasche greifen muss. Straßenhändler und -musikanten beleben die kühle, oft zugige und schattige Gasse, die zur Hauptsaison den Strom von Touristen kaum bewältigen kann.

Marienkirche

Am Ende der Frauengasse erhebt sich die Marienkirche, die sich seit den Achtzigerjahren des 20. Jahrhunderts Basilika nennen darf.

Mit dem Bau dieses außergewöhnlichen Gotteshauses begann man 1343. Fertiggestellt wurde es erst knapp 150 Jahre später, nämlich 1502. Die dreischiffige Hallenkirche mit dem dreischiffigen Querhaus und einem geraden Chorabschluss misst 4.900 m² und zählt zu den größten Backsteinkirchen der Welt. Sie soll bis zu 25000 Menschen Platz bieten. Die Netzgewölbe werden von sechsundzwanzig Pfeilern gestützt und erreichen eine Höhe von dreißig Metern. Den Hauptaltar stammt aus der Werkstatt Meister Michaels aus Augsburg und datiert aus dem Jahr 1517. An der Westseite des Hauptschiffes befindet sich ein Anfang des 17. Jahrhunderts von Peter Bringemann geschaffener Orgelprospekt. Die astronomische Uhr im linken Seitenschiff wurde von Hans Düringer in der zweiten Hälfte des 15. Jahrhunderts geschaffen. Sie zeigt die Stunden, den Lauf der Sonne und des Mondes durch den Tierkreis und die Mondphasen an. Die darunter liegende Scheibe ist ein Kalendarium.

Zu Zeiten der Reformation war das Gotteshaus Schauplatz heftiger Auseinandersetzung zwischen Protestanten und Katholiken, wurde 1529 evangelisch und erst nach 1945 wieder katholisch. Im Zweiten Weltkrieg brannte das Dach ab und stürzte die Hälfte des Gewölbes ein. Viele der antiken Kunstschätze waren zum Glück ausgelagert und konnten nach Wiederaufbau der Kirche zurückgebracht werden. Zu ihnen gehören ein gotisches Sakramenthaus, die Orgel von Martin Friese, die Tafelbilder ‚Zehn Gebote' und ‚Barmherzigkeit' von Anton Möller, die Astronomische Uhr von Hans Düringer und die Madonna von Danzig in der Annenkapelle.

Das berühmte Triptychon von Hans Memling hängt heute nicht mehr in der Marienkirche, sondern im Nationalmuseum in Danzig, doch man kann in der Kirche eine Kopie bewundern. Das dreigeteilte Altargemälde zeigt das Jüngste Gerichts, die Aufnahme der Glückseligen ins himmlische Paradies und die Höllenfahrt der Verdammten.

Das Original, gemalt hat es Hans Memling aus Brügge, entstand zwischen 1467 und 1471 und war eine Auftragsarbeit für die Badia-Fiesolana-Kirche in Florenz. Doch auf seiner Reise nach Italien wurde das Schiff, das es transportierte, von einem Danziger Kaperschiff überfallen, und so kam es als Beutegut nach Danzig. Reinhold Niederhoff, einer der Eigner des Kaperschiffes, stiftete es der Marienkirche. Obwohl selbst Papst Sixtus IX. die Herausgabe des Altargemäldes forderte und mit

Kirchenbann drohte, blieb es in Danzig. Doch Anfang des 19. Jahrhundert wurde es unter Napoleon von den Franzosen erbeutet und in den Louvre gebracht, später fiel es in die Hände der Roten Armee, und so gelangte es nach St. Petersburg, wo es bis 1956 in der Eremitage hing.

Den 82 Meter hohen Turm der Marienkirche kann man für ein paar Zloty besteigen und hat von oben einen phänomenalen Blick über die Stadt.

Adresse: Marienkirche (Bazylika Mariacka) / Podkramarska 5

So kommen Sie zur Königlichen Kapelle: Wenn Sie die Frauenkirche verlassen, gehen Sie rechts um die Kirche, jedoch nicht zurück auf die Frauengasse sondern vorher, am Ende des Parkplatzes, links. Das Gebäude, das nun rechts von Ihnen liegt, ist die

Königliche Kapelle

Nur ein paar Schritte bis zur Königlichen Kapelle. Sie ist das einzige barocke Gotteshaus Danzigs.

Durch den Thorner Frieden von 1466 unterstellten sich Danzig mit Westpreußen der Herrschaft des polnischen Königs, blieb dabei allerdings ‚Freie Stadt'. Die Danziger Führerschaft war jedoch zum protestantischen Glauben übergetreten und hatte auch die Marienkirche annektiert. Dagegen protestierten nicht nur die verbliebenen Katholiken, sondern auch der strengkatholische König. Doch aller Protest half nicht, der Rat blieb stur und die Marienkirche protestantisch. Als während eines Besuches in Danzig der Erzbischof von Gnesen starb, vermachte er in seinem Testament der Stadt 80 000 Zloty für den Bau einer neuen Katholischen Kirche. König Jan III. Sobieski legte noch einmal 20 000 Zloty drauf, und so wurde der Bau einer neuen katholischen Kirche direkt neben der Marienkirche in Angriff genommen. 1681 war die Königliche Kapelle, auch Heiliggeistkapelle genannt, fertiggestellt. Altar- und Betraum befinden sich im ersten Stock.

Adresse: Heiliggeiststraße (św Ducha 58)

So gehen Sie weiter: Zurück zum Eingang der Frauenkirche, am Eingang vorbei auf die Straße, dort rechts abbiegen. Man geht nun parallel zum Königsweg Richtung Westen zum Zeughaus.

Das große Zeughaus

Das 'Große Zeughaus' (Wielka Zbrojownia), das sich am Holzmarkt befindet, wurde zu Beginn des 17. Jahrhunderts im Niederländischen Manierismus erbaut. Wie sein Name schon vermuten lässt, diente es zum Lagern von 'Zeug', vornehmlich Waffen, Munition, Wagen und Kanonen. Während der französischen Belagerung was das Zeughaus ein Lazarett.

Die vier Giebel – zwei von ihnen sind durch vorgesetzte Treppenhaustürme verdeckt - sind mit Sandsteinfriesen, Pyramiden, Reliefköpfen, Waffen und Feldzeichen verziert. Auf den mittleren Giebeln sieht man zwei Sphinxe, über den Regentraufen wurden zwei Skulpturen von Soldaten angebracht, und in einer Nische an der Fassade steht eine Statue Athenes, der griechischen Göttin des Krieges. Über den steinernen Brunnen vor dem Gebäude wurden einst die ‚Pillen‘, wie die Danziger die schweren Kanonenkugeln nannten, aus dem Kellergewölbe nach oben befördert.

Heute wird das Alte Zeughaus durch die Kunsthochschule genutzt, im Erdgeschoss befindet sich in historischem Ambiente ein Supermarkt.

Adresse: Wielka Zbojownia, Targ Weglowy 6

Um zum Turm ‚Kiek in de Kök' zu kommen, biegt man vor dem Zeughaus rechts ab. Nach 280 Meter steht rechts die Markthalle, links der Turm. Noch ein paar Schritte weiter geradeaus, und man sieht linkerhand schon die Große Mühle. Man erkennt sie am hohen Dach mit den vielen kleinen Fenstern.

Kiek in de Kök

bedeutet ‚Schau in die Küche' und kommt aus dem Niederdeutschen. Bei diesem Gebäude handelt es sich um einen sechsunddreißig Meter hohen achteckigen Turm mit Ziegelhaube, der gegen Ende des 14. Jahrhunderts erbaut wurde und zum Befestigungsring der Stadt gehörte. Er hat acht Stockwerke, und seine Mauern sind bis zu zweieinhalb Meter dick.

Seinen Namen erhielt er, weil man von oben sozusagen in die Töpfe des Klosters sehen konnte, das unterhalb des Turmes lag. Im 17. und 18. Jahrhundert diente der Turm als Warenlager und wurde zweitweise auch als Gefängnis genutzt. 1831 brannte es ab und wurde nicht mehr aufgebaut.

Von den polnischen Danzigern wird er nach dem Heiligen Jacek Odrowąż ‚Jacek' genannt. Man kann den Turm besteigen und von oben über die Stadt blicken.

Adresse: Kiek in de Kök (Baszta Jacek) / Altstädtischer Graben

Markthalle

Die vom Krieg verschonte und unter Denkmalschutz stehende Danziger Markthalle wurde 1895/96 im neogotischen Stil im Schatten der Nikolaikirche erbaut. Einheimische nennen sie auch ‚Dominikhalle', da einst an selber Stelle das oben erwähnte Dominikanerkloster stand. Hier, etwas abseits der ausgetretenen Touristenpfade, kaufen die Danziger frische Waren zu günstigen Preisen ein. Lange Zeit wurde das denkmalgeschützte Gebäude vernachlässigt, doch inzwischen erstrahlt es in altem Glanz.

Im Inneren findet man seit der Renovierung neben der üblichen Marktware auch kleine Geschäfte und Boutiquen. Im Außenbereich der Halle spielt sich das eigentliche Marktleben ab. Verkaufsstände mit Lebensmitteln wie Obst und Gemüse aus eigenem

Anbau, Honig und Pilze frisch aus dem Wald, Gewürze, Wurst und Käse werden angeboten, aber auch andere Dinge des täglichen Bedarfs.

Adresse: Markthalle (Hala Targowa) / Dominikanerplatz 1

Große Mühle

Die Große Mühle (Wielki Młyn) steht auf einer Insel, die von einem Kanal umgeben ist. Sie wurde Mitte des 14. Jahrhunderts während der Herrschaft des Deutschen Ordens im Stil der Gotik erbaut und galt lange als die größte Mühle Europas. Achtzehn Mühlräder mit einem Durchmesser von fünf Metern wurden durch Wasserkraft angetrieben, um Roggen, Gerste, Weizen und Malz zu mahlen. In einem der Mühle angeschlossenen Backofen wurde Brot für ganz Danzig gebacken. Die mehrstöckige Dachkonstruktion mit den vielen kleinen Dachgaubenfenstern verleiht der Mühle ihr unverwechselbares Aussehen. Auf den Speichern wurde das Mehl gelagert.

Im 19. Jahrhundert hat man die Mühle zum ersten Mal modernisiert. Dampfkraft trieb die Mühlräder nun an. Ab dem 20. Jahrhundert wurden sie mit

Strom betrieben. Vor dem 2. Weltkrieg betrug die Mehlproduktion etwa 200 Tonnen pro Tag.

Nachdem die Große Mühle nach einem Bombenangriff vollständig ausgebrannt war, baute man sie wieder auf und funktionierte sie zu einem Einkaufszentrum mit vielen kleinen Boutiquen um. Im Inneren sind noch einige der Mühlräder zu sehen.

Adresse: Die Große Mühle (Wielki Mlyn) / ulica Wielki Mlyny 16

In selber Richtung geht es weiter. Links nach der Markthalle kommt ein kleiner Park, dort steht etwas zurück versetzt das Altstädtische Rathaus.

Altstädtisches Rathaus

Pfefferstadt – so lautet der Name der Straße, in der das Altstädtische Rathaus steht. Einst befanden sich dort so eindrucksvolle Bürgerhäuser wie in der Rechtstadt, die jedoch nach dem letzten Krieg allesamt in Schutt und Asche lagen. Nur das Rathaus blieb wie durch ein Wunder nahezu unversehrt. Das Backsteingebäude, das einen quadratischen Grundriss hat, wurde nach Plänen des Architekten Antony von Obbergen im Stil des niederländischen Manierismus erbaut und 1595 fertiggestellt. Mit seinem schlanken Turm, der mittig auf dem Dach sitzt und den kleinen seitlichen Nadeltürmchen wirkt es recht zierlich. Der Haupteingang ist vermutlich ein Werk von Willem van der Meer.

Im Erdgeschoss befand sich einst die Stadtwaage, und Beamte hatten hier ihre Dienstwohnung. Die Repräsentationsräume, in denen die Ratssitzungen und Gerichtsverhandlungen stattfanden, aber auch Theaterstücke aufgeführt wurden, befinden sich im ersten Geschoss. Der Deckenschmuck des Saales mit Gemälden Adolf Boy und Herrmann Hahn stammt aus dem 17. Jahrhundert und befand sich ursprünglich in einem Patrizierhaus in der Langgasse. Sie zeigen den Segen Gottes (Mitte) oder bürgerliche Tugenden wie Fleiß, Bildung und Nächstenliebe. Besonders schön ist auch eine Wand mit Delfter Kacheln und eine reich geschnitzte Wendeltreppe davor, oder eine Skulptur aus dem 18. Jahrhundert, die einen auf einem Löwen stehenden König darstellt – ein Symbol der Macht.

Der berühmteste Ratsherr, der in diesem Rathaus tagte, war der Astronom und Bierbrauer Johannes Hevelius (Jan Heweliusz, 1611-1687). Eine Skulptur, die ihn zeigt, steht auf der kleinen Grünfläche vor dem Rathaus.

Heute befindet sich in dem Gebäude neben der Buchhandlung eines polnischen Wissenschaftsverlags, einer Galerie und einem Café auch das Baltische Kulturzentrum.

Adresse: Altstädtisches Rathaus (Ratusz Stary Miasto) / Pfefferstadt (ulica Korzenna 33/35)

Will man nun zum Bahnhof, geht man weiter gerade aus, und man stößt auf die große Hauptverkehrsstraße. Hier links. Durch eine Unterführung kommt man auf die andere Seite zu den Zügen.

Will man zur Ausstellung ‚Wege zur Freiheit‘, bleibt man auf dieser Straßenseite, geht rechts, überquert an der großen Kreuzung die Straße (Tagiewniki), geht schräg links und kommt zum Werftarbeiterdenkmal und zur Ausstellung.

Falls Sie ein paar Tage länger in Danzig bleiben können

Ausflüge in die nähere Umgebung

Nach Kolberg oder auf die Halbinsel Hela kommt man von der Rechtstadt aus bequem auch mit den Schiffen der ‚Weißen Flotte‘, die an der ‚Langen Brücke‘ ablegen.

Sopot, Elblag, Kolberg, die Festung Marienburg oder die Hela-Halbinsel kann man ab Hauptbahnhof gut mit dem Nahverkehrszug erreichen.

Ausstellung ‚Wege zur Freiheit‘

Nicht weit von den Toren der ehemaligen Leninwerft steht das Werftarbeiterdenkmal (Pomnik Poleglych Stoczniowcow). Es liegt 1000 Meter und etwa vierzehn Gehminuten vom Danziger Hauptbahnhof entfernt. Vom Denkmal aus leitet eine rote Bodenmarkierung zur unterirdischen Ausstellungshalle. Es wird eine Dokumentation über den Aufstand der Werftarbeiter und den Fall des Ostblocks gezeigt.

Auch ein Bruchstück der Berliner Mauer ist hier zu sehen.

Adresse: Ulica Doki 1

Museum der Turmuhren (Muzeum Zegarów Wieżowych)

Das Museum für Turmuhren besteht seit 1996. Es befindet sich im Turm der Katharinenkirche und informiert über das Uhrmacherhandwerk vom 15. bis zum 20. Jahrhundert.

Adresse: ul. Wielkie Młyny 10

Andere Museen wie z.B. das Bernsteinmuseum fanden weiter oben bereits Beachtung.

Sightseeing mit dem öffentlichen Bus

Ähnlich wie in Berlin fährt auch in Danzig die Buslinie Nr. 100 durch die Altstadt und ist geeignet für eine ergänzende Sightseeing-Tour, nachdem man durch die Rechtstadt gelaufen ist und noch ein wenig mehr von Danzig sehen möchte.

Blechtrommel-Tour

Wrzeszcz (Langfuhr) heißt der Stadtteil in dem Günter Grass aufwuchs und seinen Erfolgsroman ‚Die Blechtrommel‘ spielen ließ. Abseits vom großen Touristenstrom kann man dort das Leben der ‚ganz normalen Leute‘ kennenlernen und gleichzeitig auf den Spuren des großen Schriftstellers wandeln.

- Sein Elternhaus steht in der ul. Lelewela 13

- Die Herz-Jesu-Kirche liegt in der ul. Mireckiego

- Die Schule von Grass findet man in der ul. Pestalozziego 7/9

- Den „Großen Mahlke" ließ Grass in der ul. Dubois leben

- Den „Katz und Maus"-Erzähler Pilenz siedelte er in der ul.Zbyszka z Bogdańca an

Nach Wrzeszcz kommt man am besten mit dem Taxi oder vom Hauptbahnhof aus mit der städtischen Schnellbahn. Bis zur Station Wrzeszcz braucht man sechs Minuten.

Infos, wichtige Adressen und mehr

Touristenauskunft

In Deutschland:

Polnisches Fremdenverkehrsamt
Hohenzollerndamm 151 / 14199 Berlin
Tel: +49 (030)210092-0 / Fax: 030/21 00 92-14
info.de@polen.travel
http://www.polen.travel/de/

In Danzig:

Długi Targ 28/29 (Langer Markt) / Gdańsk 80-803
Telefon: +48 583014355 / Fax: +48 586835485
Email: gcit@gdansk4u.pl http://www.gdansk4u.pl

Tipp: Eine Touristeninformation ist im ‚Hohen Tor‘,
gleich am Anfang des Königsweges. Dort können
Sie sich auch eine Karte und Infomaterial besorgen.

Danzig für behinderte Menschen

Danzigs Altstadt ist flach und alles liegt sehr nah
beieinander. Vom Hohen Tor bis zum Grünen Tor ist
der Weg auf Steinplatten relativ gut mit dem
Rollstuhl befahrbar. Auf der Frauengasse zur
Marienkirche hat man reines Kopfsteinpflaster,

entsprechend anstrengend ist der Weg. Diese Strecke beträgt jedoch nur 180 Meter.

Grundsätzlich achtet man in Polen darauf, dass moderne öffentliche Gebäude barrierefrei sind. Dort gibt es für Rollstuhlfahrer geeignete Aufzüge und Toiletten und Markierungen für Sehbehinderte. Bei den antiken Sehenswürdigkeiten und Museen fehlen diese Möglichkeiten naturgemäß.

Was den öffentlichen Verkehr betrifft, wird viel getan. Der Bahnhof von Danzig, sowie die Linien 2 und 12 der Straßenbahn sind bereits komplett barrierefrei, andere Linien nur teilweise. Auch der Flughafen wurde für die Bedürfnisse behinderter Menschen umgestaltet.

Tipp: Man kann sich in Danzig auch von einer Rikscha durch die Altstadt fahren lassen (nur in den Sommermonaten). Leider gibt es aber keine Kontaktadresse und keinen offiziellen Stellplatz.

Achtung: Gehörlose und Sprachbehinderte ADAC-Mitglieder können im Notfall eine E-Mail an die Adresse webnotruf@adac.de senden.

Hier finden Sie behindertenfreundliche Hotels:

http://www.orangesmile.com/booking/de/buchen-polen/hotels-danzig-behindertenfreundliche.htm

http://de.hotels.com/de1028414-am1048576-p2/barrierefreie-zimmer-hotels-danzig-polen/page-2/

Danzig mit Hund

Für Polen gelten die europäischen Einreisebestimmungen (blauer Heimtierausweis, Chip, gültige Impfungen usw.), die Sie hier nachlesen können:
http://www.mit-hund-und-kegel.de/html/einreise.html

In der Altstadt von Danzig gibt es nur wenige Grünflächen. Für manche Hunderassen besteht Leinen- und Maulkorbpflicht. Wenn Sie einen Hund haben, der zu den 'anrüchigen' Rassen gehört, erkundigen Sie sich bei Ihren (Amts-) Tierarzt.

Achtung: Es herrscht Aufräumpflicht, Kotbeutel müssen jedoch selbst mitgebracht werden!

Hundefreundliche Hotels in Danzig finden Sie hier:

http://www.holidaycheck.de/ort-
Reiseinformationen_Gdansk+Danzig-f_192-
oid_6223.html
http://www.tripadvisor.de/Hotels-g274725-zfa9-
Gdansk_Pomerania_Province_Northern_Poland-
Hotels.html

Öffentlicher Nahverkehr

Der Danziger Hauptbahnhof (Gdańsk Główny) liegt
westlich der Altstadt. Er wurde 1900 im Stil der
Neurenaissance erbaut, im letzten Krieg zerstört,
doch im ursprünglichen Stil wiederaufgebaut. Der
Zentrale Busbahnhof ist vom Bahnhof aus durch
eine Unterführung zu erreichen. Die Buslinie 210
verkehrt zwischen Hauptbahnhof und Lech-
Wałęsa-Flughafen.

Auf der Webseite ‚Jakdojade.pl' kann man sich über
Haltestellen und Fahrstrecken der öffentlichen
Verkehrsmittel informieren, die für große
polnische Städte auch als Mobil-App erhältlich ist.

Vom Bahnhof zum Goldenen Tor geht man am
besten zu Fuß (800 Meter) oder fährt mit dem Taxi.

Taxi

Vorsicht, wenn Taxifahrer wie Marktschreier um Kunden buhlen! Dann handelt es sich vielleicht um ein Mitglied der berüchtigten Taximafia, die gerne an Bahnhöfen oder Flughäfen warten und ihre Fahrgäste mit überhöhten Fahrpreisen abzocken. Achten Sie darauf, dass außer dem Taxischild auch das Logo einer Taxigesellschaft an dem Fahrzeug zu sehen und am Seitenfenster der Tarif zu lesen ist. Dann ist Taxifahren relativ günstig und kein Problem. Für Kurzfahrten wird meist eine Pauschale berechnet, bei weiteren Fahrten wird das Taxameter eingestellt.

Fahrradverleihsystem

In Danzig gibt es insgesamt 50 Basisstationen mit je zehn bis dreißig Fahrrädern. Gezahlt wird per Girokarte. Es wird eine Kaution berechnet, die nach Rückgabe des Fahrrads wieder freigegeben wird. Die erste halbe Stunde ist kostenfrei, danach fällt eine geringe Nutzungsgebühr an.

Anmerkung: Für die Besichtigung der Rechtstadt ist ein Fahrrad jedoch nicht nötig.

Kreuzfahrtschiffe und Fähren

In Gdingen (Gdynia) legen die Kreuzfahrt- und Fährschiffe an. Meist sind am Kai vor den Schiffen Angestellte der Touristeninformation. Sie geben Auskunft und halten kostenloses Informationsmaterial bereit. Züge zwischen Hafen und Danzig Hauptbahnhof verkehren alle halbe Stunde. Die Fahrt ist sehr günstig. Man geht etwa zwanzig Minuten bis zum Bahnhof. In der Bahnhofshalle kann man Geld wechseln.

Auch Taxis bieten sich an. Die Fahrt zum Bahnhof dauert ein paar Minuten, nach Danzig fährt man etwa eine Dreiviertelstunde.

Parken in Danzig

Wir empfehlen einen bewachten Parkplatz anzufahren, von denen es viele in der Innenstadt gibt. Hier drei Möglichkeiten.

• Targ Sienny - bis zum Hohen Tor sind es 500 Meter

• Parkplatz an der ul. Katarzynki - er liegt nicht weit vom Altstädtischen Rathaus entfernt

• Einen bewachten Parkplatz gibt es auch auf der Speicherinsel (Wyspa Spichrzów), bei der der ‚Music Academy Gdansk'. Von hier aus sind es nur 300 Meter über die Grüne Brücke bis zum Grünen Tor. Adresse: 80743 Danzig, Łąkowa 1-2

Parkmöglichkeiten für Campinger

Der Parkplatz an der ‚Music Academy Gdansk' ist auch für Wohnmobile geeignet, übernachten wird geduldet. Hierfür übernehmen wir jedoch keine Gewähr.

Adresse: 80743 Danzig, Łąkowa 1-2

Wer es gemütlicher haben will: Camping „Stogi" Nr. 218 liegt in einem Kieferwald nur 350 Meter vom Strand entfernt. Der Platz ist bewacht, umzäunt und beleuchtet, allerdings nur von Ende April bis Anfang Oktober geöffnet. Man kann mit der Straßenbahn Linie Nr. 8 nach Danzig hinein fahren (etwa 20 Minuten).

Adresse: Camping 'STOGI' Gdansk
Tel. (58) 307 39 15/
Email: jan@camping-gdansk.pl
http://www.camping-gdansk.pl/de

Oder man fährt den Campingplatz in Sopot an. Er ist von 1. Mai - 30. September geöffnet. Chemische Entsorgung ist möglich. Es sind 200 Meter bis zum Bahnhof (Züge nach Danzig) und 400 m zum Strand.

Adresse: Sopot - Camping Kamienny Potok (19), 81-713 Sopot, ul. Zamkowa Góra 25 / Telefon und Fax: 058-5500445
http://www.rentocamp.de/campingplatz-camping-kamienny-potok-nr-19.htm

Der Dominikanermarkt

Am 5. August anno 1260, dem Tag des heiligen Dominikus, gewährte Papst Alexander IV. dem Danziger Dominikanerorden ein Ablassprivileg. Das heißt, man musste als Sünder nun nicht mehr bis nach Rom reisen, um Ablass zu erlangen, man konnte auch den Danziger Dominikanerorden (oder alternativ andere Orte mit Ablassprivileg) aufsuchen. Viele Jahrmärkte und Volksfeste gehen auf ein solches Ablassprivileg zurück.

Ursprünglich fand der Danziger Dominikanermarkt vor dem später abgebrannten Kloster statt, das sich zwischen Nikolaikirche und dem Turm ‚Kiek in de Kök' befand. Auf Jahrmärkten wie diesem trafen sich vor allem Großhändler und vermögende Kunden, die es sich leisten konnten, ihre Keller mit Wein zu füllen oder gleich mehrere Ballen Tuch zu kaufen. Angeblich legten während des Marktes bis zu vierhundert Schiffe im Hafen an. Händler aus dem In- und Ausland verkauften Seide und Tuch, Gebrauchsgegenstände, Wein, Spezereien und andere Köstlichkeiten. Schauspieltruppen, Musikanten und Gaukler sorgten für Unterhaltung, und Sackgreifer versuchten an die Geldbörsen der Reichen zu kommen.

Im Kriegsjahr 1944 wurde der Dominikanermarkt vorerst zum letzten Mal abgehalten. Erst 1972 ließ man die alte Tradition wiederaufleben, und über die Jahre wuchs der Markt zu einer großen Touristenattraktion an. Zur Eröffnung ziehen in einem historischen Zug Rats- und Magistratsherren in historischer Kleidung ein, die von einem mittelalterlichen Spielmannszug begleitet werden. Von da an kann man drei Wochen lang an Ständen, die über die ganze Alt- und Rechtstadt verteilt sind, essen und trinken, kunstgewerbliche Gegenstände, Bernsteinschmuck, Kleidung, Lebensmittel und allerlei Krimskrams kaufen. Am Ufer der Mottlau gibt es einen großen Flohmarkt mit alten Büchern und Antiquitäten, und auf mehreren Freiluftbühnen finden Konzerte und Theateraufführungen statt.

Der Dominikanermarkt findet von Ende Juli bis Mitte August eines jeden Jahres statt.

Klima

Die Erfahrung der vergangenen Jahre zeigt, dass die Durchschnittstemperaturen im Winter bei -3° liegen, im Frühjahr klettern sie auf 10° bis 16°, im Sommer wird es selten heißer als 22°. Auch im Herbst ist es mit 6° bis 12° kühl. Regentage gibt es das ganze Jahr über zwischen 6 und 10. Am häufigsten regnet oder schneit es im Dezember, am wenigsten im März und April.

Größere Temperaturschwankungen sind aufgrund der geografischen Lage an der Ostsee möglich.

Essen und Trinken

Die polnische Küche ist bodenständig, deftig und kalorienreich. Die Hauptmahlzeit wird am späteren Nachmittag eingenommen und besteht traditionell aus Suppe zur Vorspeise, Hauptgericht und zum Abschluss Kuchen mit Kaffee. Zum Frühstück und Abendbrot wird Brot mit Wurst und Käse gegessen.

Typische Landesgerichte sind Bigos - ein Eintopfgericht aus Sauerkraut und Weißkohl mit verschiedenen Fleischsorten, Flaki - eine Suppe mit in Streifen geschnittenem Rinderpansen, Kopytka - kleine gekochte Kartoffelklößchen mit Butter, Zucker und Zimt serviert, Zurek - eine säuerliche Getreidesuppe mit gekochten Eiern, Kartoffeln und weißer Wurst und natürlich Barszcz.

Barszcz – Roterübensuppe

Die meisten Menschen verbinden den Borschtsch mit Russland, doch er gehört auch in der polnischen Küche zu den traditionellen Gerichten. Es gibt ihn in verschiedenen Variationen. Als klaren Barszcz (Roterübensuppe), als den am meisten bekannten Borschtsch (barszcz ukraiński) oder als weißer Barszcz (Saure Mehlsuppe), der jedoch im Allgemeinen ohne rote Rüben zubereitet wird. Den klaren Barszcz reicht man oft ohne Löffel in einer Schale, dann wird er getrunken. Zu Weihnachten gibt es ihn mit kleinen pilzgefüllten Piroggen, zu Ostern als weißen Barszcz, der mit Kartoffeln und gebratenen Weißwurstscheiben zubereitet wird und eher ein Eintopf ist.

Pierogi sind hausgemachte Maultaschen. Sie werden mit einer Fleischmischung, einer Sauerkrautpilzmischung oder auch süß mit Obst gefüllt.

Bigos

Das polnische Nationalgericht, das in allen Regionen Polens zubereitet wird, wurde ursprünglich als deftiges Frühstück bei den Jagdgesellschaften des Adels gereicht – wir kennen das Gericht als ‚Jägertopf'. Später war es ein Resteessen, und man hat beigefügt, was noch so in der Vorratskammer war. Heute besteht Bigos in der Hauptsache aus Sauerkraut, Weißkohl, getrockneten Waldpilzen, Schweinefleisch und Wurst. Aufgewärmt schmeckt er am besten.

Bei alkoholfreien Getränken steht in Polen ganz vorne an der Tee in allen Variationen. Gegen Durst Mineralwasser, gerne auch Buttermilch. Kaffee trinken die Polen am liebsten löslich. Bei Alkohol steht Bier an erster Stelle, gefolgt von Wodka. Das polnische Bier ist weniger herb als in Deutschland, der Wodka wird pur getrunken und auf Getränkekarten in Grammeinheiten angegeben.

Wechselgeld und Trinkgeld

Wer mit Leistung und Service zufrieden war, gibt ein Trinkgeld. Am besten, Sie lassen sich Ihr Wechselgeld herausgeben und lassen dann einen angemessenen Betrag liegen. Beträgt Ihre Rechnung zum Beispiel 96 Zloty und Sie geben einen Hundert-Zloty-Schein, können Sie ‚dziekuje‘ (danke) sagen, damit zeigen Sie an, dass Sie kein Wechselgeld erwarten. In diesem Sinne: Vorsicht mit einem freundlich gemeinten Danke beim Bezahlen!

Achtung: Trinken von Alkohol auf öffentlichen Plätzen wird in Polen mit einer Geldstrafe bis zu 100 zl geahndet!

Einkaufen

Die Älteren Leute in Danzig sprechen neben Polnisch auch Russisch, die jüngeren meist Deutsch oder Englisch.

Landeswährung ist der Zloty. Traveller-Checks sind nur schwer einzutauschen. Es empfiehlt sich Bargeld und für größere Einkäufe die Bankkarte. Bankomaten sind auch in deutscher Sprache zu bedienen. Über die dabei anfallenden Gebühren sollte man sich vor der Reise bei der Hausbank erkundigen. Bargeld tauscht man in einer der zahlreichen Wechselstuben, die mit dem Schild ,Kantor' gekennzeichnet sind. Die Wechselkurse verschiedener Anbieter zu vergleichen kann sich lohnen.

Um Dinge des täglichen Lebens einzukaufen, bietet sich der Supermarkt im Zeughaus oder die Markthalle an. Dort gibt es auch einige Boutiquen. Ein großes Einkaufszentrum ist in der Alten Mühle. Souvenirs sind vor allem an der ,Langen Brücke' zu bekommen. Eine große Auswahl an Bernsteinschmuck und Kunstgegenständen findet man in der Frauengasse, aber auch im Haus der Naturforschenden Gesellschaft oder im Bernsteinmuseum.

Internet, Telefon und Strom

In Polen werden 230 V Typ E Steckdosen verwendet, für die ein Stecker mit zwei runden Kontakten benötigt wird.

Öffentliche Telefonzellen sind in Polen noch weit verbreitet. Meistes muss man mit Telefonkarte bezahlen, die man in der Post kaufen kann. Telefonieren ist etwas teurer als in Deutschland und am günstigsten nach 22 Uhr oder am Wochenende.

Das mobile Netz ist in Polen gut ausgebaut.

Falls Sie ein altes Handy zu Hause haben und länger in Polen bleiben, lohnt es sich für die Reise, über eine Prepaid-Karte von polnischen Anbietern nachzudenken.

Über siebzig kostenlose Hot-Spots sind über den Stadtraum Danzig verteilt. Sie sind dank leicht lesbarer Informationsschilder mit dem @-Zeichen gut zu finden.

Das ‚internetcafe spacja' finden Sie in der ul. motlawska, auf der Speicherinsel, Nähe Milchtor. Email: spacja-gd@wp.pl

Was tun im Notfall

Notruf Polizei, Feuerwehr, Krankenwagen: 112

Bei medizinischen Notfällen

sollte man seine Europäische Gesundheitskarte EHIC mit sich führen, erhältlich bei der Krankenkasse. Auch ein Auslandsschutzbrief ist sinnvoll.

Hier die Adressen zweier Kliniken in Danzig:
Akademia Medyczna / ul. Marii Skłodowskiej - Curie 3a Tel: +48 349-10-00 centr. 349-22-22

Samodzielny Publiczny Szpital Kliniczny Nr 1 - Akademickie Centrum Kliniczne Akademii Medycznej w Gdańsku / ul. Dębinki 7
Tel: +48 (058) 349 20 00

Bei Zahnschmerzen sucht man am besten eine private Zahnarztpraxis auf. Die Polnischen Zahnärzte sind im Allgemeinen gut.

Botschaften

Deutsches Generalkonsulat Danzig
Al. Zwycięstwa 23 / 80-219 Gdańsk
Tel.: + 48 - 58 - 340 65 00
Fax: + 48 - 58 -340 65 38
info@danzig.diplo.de / www.danzig.diplo.de

Österreichisches HONORARKONSULAT
ul. Stagiewna 5/2, Danzig
Tel: +48/58 769 36 36
Fax: +48/58) 769 36 37
E-Mail konsulat@kacprzak.com.pl

Seit 1997 gibt es kein Schweizer Konsulat mehr in
Danzig. Wenden Sie sich im Notfall an
Embassy of Switzerland / Aleje Ujazdowskie 27
00-540 Warsaw / Poland
Tel: +48 22 628 0481/82
Fax: +48 22 621 05 48
var.vertretung@eda.admin.ch

Pannen- und Notfallhilfe der Automobilclubs

ADAC - bei Fahrzeugschaden telefon-icon.gif
+49 89 22 22 22
Bei Erkrankung und Verletzung telefon-icon.gif
+49 89 76 76 76

In vielen Urlaubsländern betreibt der ADAC eigene Notrufstationen mit deutschsprechenden Mitarbeitern. An diese werden Sie automatisch von der Zentrale in München weiterverbunden.

Gehörlose und Sprachbehinderte können eine E-Mail an die Adresse webnotruf@adac.de senden.

ÖAMTC
Tel: +43 12512000 – Notruf und Rechtsberatung

TCS
Dringende Assistance-Anfragen rund um die Uhr: Einsatzzentrale ETI / Chemin de Blandonnet 4 / CP 820 1214 Vernier / Tel +41 58 827 22 20 / Fax +41 58 827 50 12 / email: eti@tcs.ch

Bei einem medizinischen Notfall im Ausland unverzüglich die ETI Einsatzzentrale benachrichtigen!

Falls Ihre Geldkarte verloren ging

Es gibt für Deutsche einen allgemeinen Sperr-Notruf, der aus dem In- und Ausland unter der Nummer (0049) 116 116 erreichbar ist.

In Fällen, in denen der ausländische Telefonanbieter diese Nummer nicht verarbeiten kann, steht alternativ die 0049 3040504050 zur Verfügung.

Sprach- oder Hörgeschädigte können unter der gleichen Nummer auch eine Sperrung per Fax veranlassen.

Speziell für Euro/Mastercard sperren unter Tel. 0049-69-79331910
oder im Notfall als R-Gespräch 001-314-275-6690

Speziell für Visa sperren unter Tel. 800-819-014
oder im Notfall als R-Gespräch 001-303-967-1096

Schweizer wenden sich bei Verlust oder Diebstahl von Karten, Dokumenten oder Handys (SIM-Karte) oder bei Zwischenfällen rund um Autoschlüssel und -radios an die Telefonnummer +41 58 827 22 20 (rund um die Uhr)

Österreicher wenden sich bei Verlust der Kreditkarte an folgende Telefonnummern:
Visa: +43 1171111-770
Pay Life: +43 1717014500

Die wichtigsten Vokabeln

Ja - Tak [tack]
Nein - Nie [njä]
Danke. - Dziękuję. [dschänkuijä]
Bitte! - Proszę! [proschä]
Guten Tag! - Dzień dobry! [dschiän dobre]
[dschiän dobre]
Hallo! / Tschüss! - Cześć! [tschäschtsch]
Auf Wiedersehen! - Do widzenia! [do widsänja]
links - na lewo [na lewo]
rechts - na prawo [na prawo]
geradeaus - prosto [prossto]
nah - blisko [bliesko]
weit - daleko [daläko]
Bitte, wo ist... - Przepraszam, gdzie jest...?
[pschäprascham, gdschjä jäst]
Bahnhof - dworzec [dwoschez]
Bus - autobus [autobus]
Flughafen - lotnisko [lotnisko]
Wie weit ist das? - Jak to jest daleko? [jak to jäst
daläko]
Die Rechnung bitte! - Rachunek proszę! [ratschuneck
proschä]
Ich verstehe Sie nicht - Nie rozumiem pana.

Wie viel kostet es? - Ile to kosztuje? [ielä to koschtujä]

Das gefällt mir! - To mi się podoba! [to mie sche poddobba]

Nichts zu danken! - ie ma za co! [njä ma sa tso]

Ich hätte gern... - Poproszę [poproschä]

Sämtliche Angaben erfolgen unverbindlich und ohne Gewähr. wir beziehen uns mit unseren Aussagen auf persönliche Erfahrungen, Recherchen im Internet, Webseiten der Stadt sowie auf Hinweise der Touristik-Information.

Wenn Ihnen unser Reiseführer gefällt, freuen wir uns über eine positive Bewertung bei Ihrem Internethändler. Sollte das Gegenteil der Fall sein, setzen Sie sich gerne direkt mit uns in Verbindung, wir stehen für konstruktive Anmerkung offen. Da sich Telefonnummern, Internetseiten und örtliche Gegebenheiten von einem Tag auf den anderen ändern können, nehmen wir Korrekturvorschläge gerne an.

www.by-arp.de

Weitere Reiseführer aus unserem Verlag

ISBN Buch: 978-3-946280-17-0
ISBN E-Book: 978-3-946280-12-5
ASIN: B017WDI53G

ISBN Buch: 978-3-946280-20-0
ISBN E-Book: 978-3-946280-08-8
ASIN: B015WKTUNU

ISBN Buch: 978-3-946280-22-4
ISBN E-Book: 978-3-946280-09-5
ASIN: B015WKTK8K

ISBN Buch: 978-3-946280-19-4
ISBN E-Book: 978-3-946280-10-1
ASIN: B015WKU1I8

Amsterdam –

ISBN Buch: 978-3-946280-21-7

ISBN E-Book: 978-3-946280-04-0

ASIN: B015WKTX8W

Nürnberg -

ISBN Buch: 978-3-946280-18-7

ISBN E-Book: 978-3-946280-00-2

ASIN: B015WKTUNU

Salzburg -

ISBN E-Book: 13: 9783946280019

ASIN: B0158B5ZC8

Kopenhagen -

ISBN E-Book: 978-3-946280-03-3

ASIN: B015D045U2

Märchen psychologisch gedeutet

Angst überwinden und stark sein
ISBN E-Book: 978-3-946280-05-7
ASIN: B015WKTRYW

So finde ich mein Glück
ISBN E-Book: 978-3-946280-07-1
ASIN: B015WKTWRY

Von Trennung, Tod und Trauer
ISBN E-Book: 978-3-946280-02-6
ASIN: B015D045U2

Lightning Source UK Ltd.
Milton Keynes UK
UKHW040901281119
354396UK00010B/1108/P